11 Oráculos

Una Colección De 11 Poemas

Translated to Spanish from the English version of 11 Oracles

Anish Kanjilal

Ukiyoto Publishing

All global publishing rights are held by

Ukiyoto Publishing

Published in 2024

Content Copyright © Anish Kanjilal

ISBN 9789360494292

All rights reserved.
No part of this publication may be reproduced, transmitted, or stored in a retrieval system, in any form by any means, electronic, mechanical, photocopying, recording or otherwise, without the prior permission of the publisher.

The moral rights of the author have been asserted.

This book is sold subject to the condition that it shall not by way of trade or otherwise, be lent, resold, hired out or otherwise circulated, without the publisher's prior consent, in any form of binding or cover other than that in which it is published.

www.ukiyoto.com

Dedicado a

Mi madre y mi padre Arijit Karmakar
Trinayani, Krishav, Sakshi, Sulogna Souvick, Anupom, Indra, Saheb, Ankit,
Proloy
Y a todos mis estudiantes

(Artistas) Muskaan, Nandini, Sabarni

Prefacio

Anish Kanjilal, poeta, filósofo y mentor, y autor de Fateless 13, escribe 11 himnos para predecir un futuro nacido del vientre del pasado y del presente.

"Nuestro pasado no caminará hacia nuestras tumbas, sino que se quedará atrás como un hito una vez apreciado, y el futuro susurrará quién estuvo aquí para romper el silencio".

"¡Tú también pasarás! Esfuérzate incansablemente..." dijo el Iluminado antes de alcanzar moksha, liberando así al alma del interminable ciclo de nacimiento y renacimiento.

Mucho antes de la creación, el universo perenne pasó a la destrucción y el caos cósmico concibió la esperanza de resucitar la nascencia. El oráculo del tiempo espera impaciente para predecir de nuevo la ruina del universo sin alma; sin embargo, el espíritu escapará al tiempo y a la sucesión interminable de génesis y aniquilación.

Esta serie de cinco poemas aporta esperanza al espíritu humano para ver la verdad y la realidad tras el velo de la ignorancia.

Contenido

Silencio (Una sátira sobre la vida)	2
La última fe	8
"La interferencia urbana"	14
El matadero (inspirado en una pesadilla)	19
"En diciembre"	24
"El eclipse de Medusa"	28
Et Tu Dios Entonces Deja Que Iblis Caiga	33
Montar en la ilusión	37
El hombre de blanco	40
El homónimo	43
El frío resplandor y el fuego mueren	47

Silencio (Una sátira sobre la vida)

La Bestia teme las plegarias de Tithonus
y Blancanieves duerme rodeada de siete dudas....

***

Aún no he tenido un encuentro con la muerte,
Un día yo, un cadáver, yaceré sobre mí mismo en pura negligencia...
¿La vida es una penitencia y la muerte un arrepentimiento?
Ni verde, ni amarillo, ni azul... ¿¡Pero sólo "negro"!?
Del verde al amarillo y un toque de marrón, la hoja se agrietará
De gatear a caminar, de caminar a correr y sin vuelta atrás...
Y luego pasar a donde ¿quién sabe?
Sin ráfagas que soplen en mis oídos Sin árboles a los que he tratado como queridos
Ninguna montaña que se enfríe Ni yo que adorne la colina
El paso, ¿cuándo quién sabe?

***

Lear tendrá que envejecer No hay Genio de Aladino que caliente el frío
El toque de Midas no puede revivir lo que fue oro.

***

Niñez, sólo esconderse y buscar Juventud, no nos escondemos, sólo buscamos Mediana edad; el pensamiento se invierte sólo vivir para buscar y

y luego esconderse.

Vejez, miedo a esconderse

De nada sirve lo que nos atrevemos a buscar... Después de la vida nos escondemos y

nada que buscar...

Afligido por mi pícara inocencia no te tuve

Embriagado por los encantos de la juventud ¿dónde estabas?

Esta edad mía, encontró un mentor

Es un rollo de cada noche contigo, contigo y sólo contigo.

***

La niebla ciñe el azul con el sudario de la oscuridad

El smog, hijo adoptivo de la codicia humana, cubre el verde.

Pero el azul volvería con la naturaleza repugnante...

Del verde al gris - mi destino se sumerge lentamente en mi charco de desesperación

En el desvanecimiento celeste yo inconsciente

El tiempo me marchita muero a cada instante en mi subconsciente

Quiero vomitar mi espanto con todas mis fuerzas

Los vivos mueren, quiero librarme de este espectáculo

Pero ¡ay! Es inútil ser un fugitivo en mi camino desafiar la ley que guía a todo mortal

Y aunque corra, aunque jadee el único consuelo es este

que la Muerte es el portal final ineludible...

***

Cenicienta encontró su zapato y salvó su día,
La cancioncilla del flautista se llevó a los niños e hizo pagar a Hamelin.

***

La primavera rejuvenece, el verano late El otoño decae y el invierno corona la conmemoración de la Muerte - ¿un consuelo o una compensación?
Vida vencida - Muerte gloriosa...

¿Vale la pena mencionarlo?

Llevo mi presunción como un árbol lleva una enredadera.
Aquellos que deshonran el tiempo, para ellos mi elegía sin muerte será una cifra.

En las orillas arenosas y en las colinas ventosas
Mi sombra devorada por las olas y las nubes
En el epitafio final grabo mi ánimo,
Compongo este canto fúnebre lo mejor que pude.
¿No veré lo que ahora veo? ¿No llevaré la recompensa de lo que aré?
¿No volveré y me clonaré?
y estar junto como ahora contigo mismo?
La vida ridiculizada y conozco la respuesta La muerte mi amo y yo menguo
en su cuerda, como una bailarina de marionetas...

***

Se dice que Alicia había estado en el País de las Maravillas
La vida un cuento de hadas, parece indefensa sin una varita mágica...

***

¿Quién soy yo?
un ateo, un seráfico, un agnóstico o alguien que tiene un
miedo atávico a la Providencia...

Vivo en un trance que tarde o temprano la muerte se encargará de
apaciguar.

Mi ciencia combate con mi religión Una vez muerto el cerebro no hay
recuerdo

Si esta ley fuera burlada

hubiera sabido lo que era antes de resucitar en esto... y lo que hay
después cuando pierda

mi sentido.

Pero el mito adjudica que hay

hay un río llamado Leteo, un estanque del olvido e incluso Dios
resucita a intervalos,

se levanta de la tumba - la noción es demagógica y mis pensamientos,
un camaleón...

***

El Viaje Final

***

Los aguaceros galopan sobre mi reflejo Una niebla sobre la plata
Despierta Blancanieves para ver a Lear haber envejecido,
Despierta a Tithonus y sé valiente.
Como lo que hoy es cálido será emborronado por el frío...

¿Qué no pude encontrar en el seminario?

¿Qué era Cenicienta para mí?

¿Qué fue y vino con el Flautista de Hamelín y se quemó como un cadáver en la

llama de la lámpara mágica,

en la que vive el Genio de Aladino?

"¡Silencio Redefinido en la denominación de Tumba!"

¡Sé Valiente! ¿Ser Valiente? Sé Valiente...

***

La oscuridad enigmática iluminada de vez en cuando por el relámpago abrasador

El mar que se hincha y las mareas que suben El viento calipsónico que canta el canto fúnebre

En una cámara metálica martillada por Thor En un viaje de sueño lo que la vida aborrece

Nadando ¿quién sabe dónde? En qué modo

Dormir, apagar o reiniciar...

¿Pero quién registrará el código?

Bebés gateando gritando fuerte La vejez desprecia, lo que los jóvenes están orgullosos

Llevando la oscuridad como un sudario Arrastrados a la cuna hecha de nube Finalmente, el obturador se cierra

para capturar la última huella

Pero hasta y a menos que consigas alguna pista Mente dura...mente dura...mente dura....

No cierres los ojos...

La última fe

Los tres tocones de madera: la esperanza flotante de la humanidad en un mar en ascenso.

Arriba, los buitres revolotean a la espera de alimentarse del cadáver del orgullo humano.

Los manglares tiemblan, el abeto y la pícea intercambian condolencias

aunque entrelazados por el destino para conducirse mutuamente a la obliteración Mi poema "Un Arca de Noé

un refugio para quien ofrece su postrada reverencia al verde abandonado

***

La fe perdida en el "mundo personificado"

O la última fe en la oración védica que sermonea refugiarse en el "Daru"

Un pensamiento desgarrado y escindido

Como quien se aferra al horizonte sumergido en la oscuridad o pescado a la luz Como quien decide

O correr hacia el pliegue y defender los tocones

O huir y ser eliminado Finalmente, el espejo aprensivo refleja O recuperar lo perdido

o creer en lo que durará.

***

Creer en tu blanco - tú Universo fenomenal Tener fe en tu negro - tú el

Vacío

Confiar en tu rojo - tú la Pasión con guirnalda

Vistiendo un marrón de verde, contemplando la creatividad - conservo mi

afán en tu azul Muéstrame, guíame, hazme

una tribu primitiva para adorarte con confianza Guíame mi madera tú "Salvador

de las almas caídas"

Nosotros también resolvemos preservar tu eternidad y quitar el telar que atormenta a los hombres

El Nerón del nuevo mundo el padre de Nino

que ha sido preparado para ser el Frankenstein

descubre ahora a su descendiente para liderar un motín contra el propio progenitor

Los muros de Apolo se derrumban la trágica justicia divina cae sobre los mortales que eran demasiado ambiciosos para ser los Titanes

Poseidón se levanta...

Sin Leónidas para desistir Nino a las puertas del infierno.

Sólo idolatrando la madera tan indestructible se puede alcanzar la supremacía

Sólo comprendiendo la rotación del disco que subraya el cambio del tiempo se puede

ayudar a la mente

a separarse de la materia

El que no tiene manos ni pies materiales, sino sentidos trascendentales

Aquel que permanece en el olvido
Aquel cuyos ojos redondos iluminan la oscuridad estigia

Aquel que anima el profundo enraizamiento,
La subida de escaleras aéreas para abrazar la luz del sol La extensión de ramas para ofrecer sombra
La concesión de la bendición de la fruta y las flores - todo por ti mismo.
Inspira a la Humanidad a ser desinteresada

Para que la madera "pahandi" deje su raíz en todas partes

***

La sal blanca y plateada del desierto que se arrastra,
ahora exhala el calor

Hambre y sed de la mano, se arrastran bajo las dunas arenosas para ser llevadas a todas partes

Holocausto en el vientre de la codicia espera que el hielo se derrita

Y el hambre susurra, Tierra, tierra por todas partes, sin
Verde que ver

Como las pagodas de Herodes, los templos se derrumbarán con la fe fingida,
La iglesia se arruinará, sin confesiones que hacer

y la mezquita no tendrá quien diga "por el amor de Dios"

Todo esto sucede cuando vivimos sólo para tomar...
***

Cada vez que subo las veintidós escaleras, cantando la canción del santo ermitaño,
redescubro lo divino - cómo el hombre se mezcla con la naturaleza
y espera el Día en que el cataclismo reunirá
todas las religiones en la ciudadela de madera.

Para saborear el fruto olvidado del Alimento espiritual
que nacerá de ti O' tocones de madera.

Mi Señor ese día este poeta descansará pacíficamente bajo
el santo sudario de tu capucha.
***

El destino en la mano del Hombre

El pasado deslizándose en la tierra del marinero El futuro brotará de la arena estéril.

Huirán de las tierras de fuego, Marcharán con miedo de donde arde la pira,
Serán guiados por Moisés de su tiempo Seguirán el lejano tañido del carillón

A Babilonia donde los bosques aún son oscuros y profundos.

Un refugio alegre para las ovejas inocentes

A la tierra del sol de medianoche y la alondra donde los colores desayunan mordisqueando la oscuridad.

Los hombres hacen cola al borde del verde para recluirse a devolver lo salvaje los "tocones de madera"

Un refugio seguro para no perder

La restauración final de la última fe - un vástago de Mi humor...

***

"La interferencia urbana"

¡Ding Dong, campana!
Los invitados han venido a morar ¿quién les ha dejado entrar?
Los pobres que no podían ser malos...

***

La ciudad sabotea y susurra en los oídos de los parientes de las montañas, "La codicia es un prodigio, adórala" Material alrededor, alimenta tu necesidad, La tecnología es el cordón, planta su semilla
Sólo imítanos y entonces sólo tú podrás liderar.

Lo rural manipulado,
La verdad tergiversada y fabricada, la comunicación una maldición y un mecanismo, una infección - trágicamente malinterpretada Ahora habrá humo y luego habrá fuego
Ayer lo que era suyo se ha puesto en alquiler
Lo que era prístino en el pasado
Lo que era virgen y se consideraba que resistiría hasta el final.
Ahora sacudido, cabeceado y carbonizado, Ahora un creciente complejo de hormigón,

Sólo carbono y plástico...
Verde devastado, gracia evacuada de tranquilo - no logran evaluar, el rústico lavado de cerebro...
Las hojas enfermas de úlcera,
esperando ser arrastradas a la horca y luego ahorcadas...
El río que ahora parece magro y profanado, ruge para ser oído.

Piedras y rocas voladas, resbalan como mutiladas y arrastradas.

Por todas partes la naturaleza robada a merced del progreso,

así, las hojas caen, la codicia llama,

Y lo urbano se levanta para exprimir la inocencia, El dinero importa, la ética descansa en la palidez.

El destino se ríe al ver cómo lo "reciente", brota de la pérdida gradual del sentido.

Mientras a lo lejos, más allá de la nube naciente,

- que es a la vez una cortina y un sudario,

Mirando a través de uno vería el verde haber hecho cola, temblando mientras espera,

sabiendo que luego será su turno.

En algún lugar un humo sube por el firmamento Nosotros también subimos, nosotros también olemos, la suciedad saltando de los cadáveres de hojas secas Reunidos en una secuencia con un folk

como herramienta

El pastoral fue alimentado al fuego

hojas y valores ancestrales incinerados en su pira

Cuántos de nosotros sabemos que cuando cesa la lluvia, los árboles lloran

Cuando el martillo urbano se mece y rueda para volar las venas y arterias del Edén y allanar nuevos caminos, los árboles lloran.

O el grillo canta la canción fúnebre para la arboleda que indefensa muere...

***

Ver sierra arriba y abajo

¿cuál es el camino a la ciudad rural? Unos metros arriba y unos metros abajo, el camino para llegar al vacío; donde la mata ha sido segada.

***

Vienen montados en la vía ancha

a maquinar el ghat crematorio de la Dama, La cupidez gargantuesca aún tiene hambre de más.

El poeta de seis bocas despojado de creatividad, espera pacientemente la cuchilla del Destino,

para separar su precocidad de su corporeidad.

Mientras el dorado pasado se platea y se ahoga en el retrovisor, Los árboles encorvados y los caminos torcidos,

hablan de rendición y sumisión La mosca silvana que se eleva desaparece,

hasta que sus ambiciosas alas se descubren tendidas, esparcidas por un suelo polvoriento, como si hubiera sufrido una fisión.

En algún lugar cae Shangai En algún lugar llama Nueva York En algún lugar se pelean los diplomáticos

Aquí sangra mi poesía crucificada y todos vosotros LOL... Lejos, una damisela de Arcadia

Profetiza mientras retoza con las canicas

"Ya es hora de que el viejo Buda dormido despierte de su letargo

Se derrita y se arrastre para engullir al fumador".

Mientras yo y tú en una rotonda, Y en algún lugar se abre un nuevo agujero negro

Una nueva tierra por destruir - ¡una meta civil neotérica!

***

El puente agrario se derrumba, Se desmorona, se hunde, El puente de Londres se derrumba, ¡Y todos estamos eufóricos!

***

Euforia

Nosotros dos desprendiéndonos primero

y finalmente sumergiéndonos en un paisaje fluvial bien pintado... Un intento de escapar,

para encontrar a la Bailarina Cósmica licuándose y tomando una forma frenética,

Nosotros dos ahogándonos en la confluencia de la dicotomía, En un capullo alterando nuestra anatomía.

Entonces tu vientre sufre una incisión,

Se desgarra y señalas el espectáculo que flota.

Un conjunto de Serpentes, Lepidópteros y la última constelación del zodiaco.

***

"Ring a - ring o' roses, Una transmutación en proceso,

La interferencia urbana engendra un absceso, ¡Hush - ha! ¡Bush - ha!

Y todos caemos".

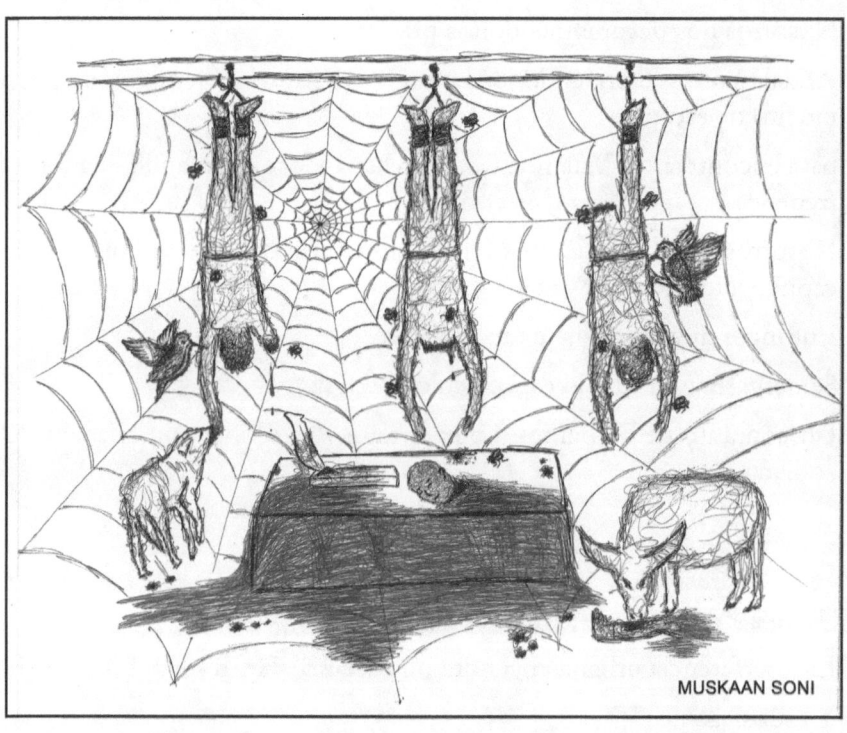

El matadero (inspirado en una pesadilla)

Bajo el espantoso dosel de la noche Del que llovizna la oscuridad, sombra tras sombra.

Se yergue la torre del silencio Alrededor de cuyo anillo exterior dormita la carne

A la espera de las cabezas calvas que puedan escarbar en su dieta de carroña Regurgitar y despegar.

***

Bajo la luna helada, Alrededor de la cual gira la niebla Miran las piedras azules ceremoniales Y suben los humos en anillos del incienso colocado

Desde lejos susurran los himnos cantados por los mongoles.

***

Bajo las nubes que fruncen el ceño a la tierra

Ángeles que alteran el mal en la noche. Bromean y charlan los "Rogyapas"

Ayudan al alma a salir del plano incierto, entre la vida y la muerte.

Mientras los halcones se alimentan de "Tsampa" y los yaks se alejan hacia la libertad...

***

Hay que recordar

"En la vida cubre tus partes privadas, En la muerte tu cara

Como en el otro mundo todo será descubierto"....
***

Justo debajo del escudo de la oscuridad se inclina un escarpado acantilado
Coronado con un variado boscaje que protege el fuego
que brota de una pira.
Abajo de la escarpada colina
yace una caverna bostezando incesantemente con las fauces abiertas
Esperando y saludando a los que tienen apetito de carne y sangre.
Mientras siguen el rastro de las hormigas, se arrastran los perpetradores.
La única diferencia es que los lugares han cambiado, los papeles se han invertido,
Las presas del pasado son las que deciden.

De las estalactitas atadas boca abajo
Cuelgan cadáveres de hombres que han sufrido espasmos cadavéricos,
Al ser martillados, recortados, cincelados y daggered y convertidos en comestibles perfectos,

Hombres que han gemido ante la muerte,
Pero ahora distendidos puestos en silencio como lo que la estrella había sido antes de la vida.

Livor mortis Rigor mortis No importa, Deslizamiento de la piel Gusano, metano Sería un plato.

La sangre gotea, inunda el suelo El intestino lleno de caca arrastrado con fuerza yace, desparramado junto a la puerta.

Una sátira suena macabra de hecho Para los vertebrados carroñeros Otro día para alimentarse.

Aunque el suelo está manchado, sombrío y frío Todos tienen comida y todo

se vende.

En estantes pétreos yacen sumergidos en etanol Algunos bebés humanos frescos,

Mientras que unos pocos con marcas de viruela, piel rasgada, cabezas cortadas con bocas sorbiendo fluidos

están de pie para ser devorados.

El fétido olor del sulfuro de hidrógeno se cierne sobre el mundo plutoniano

con Bichos poniendo sus huevos en el nido humano, De hecho, un espécimen perfecto de mental

de cadáveres en descomposición a los que el hambre ha atraído.

Cinturones de cuero curtido carteras es todo lo que importa

Hígado y riñón Pelucas y chaquetas

el demi Señor yace disperso

Ahora los animales sociales sacrificados para apaciguar el Testamento

Pero lo que es justicia, es que el veredicto ha cambiado.

Ahora los ritos del Taurobolium bien realizados para gratificar al Avesta, aunque la plataforma perforada es la misma, pero el Minotauro es apretado.

Ahora los libros de Moisés aunque seguidos palabra a palabra
Aunque Éxodo y Génesis guían el camino,
Pero es el Hombre quien es clavado en la guillotina y la Justicia tiene su día.

***

El Apéndice

***

Atrapados en un gallinero, yo y muchos esperando nuestro turno

Molidos por el miedo, embadurnados de heces temblando por ser mezclados en una batidora.

Saltar de un lado a otro no nos salvará. Mantenernos unidos no ayudará a la masa.

Alguien allí grita su último grito tambaleándose en agonía, no reza sino sólo suspira.
La leyenda de los maoríes, se hace realidad Con nuestra carne en equilibrio de viga
sin nadie a quien demandar Mientras las paredes de la caverna
Pintado con tono Ecos para no misericordia Como venganza se debe
...
"FIESTA DEL SACRIFICIO" ;
Queda por juzgar "CORRIDA DE TOROS";
Responde a las peticiones presentadas GADHIMAI y YULIN
Hermanos de la mano
El mundo sera un lugar mejor Una vez que esten prohibidos'.

"En diciembre"

Junio deslumbra la tierra y rasga el cielo

El gris se cierne como una amenaza desnudando la verdad azucarada de mentira

La última nube se despide

al Sol que se derrite en el horizonte

El otoño hace cosquillas para allanar el camino a diciembre, que se deslizará como la escarcha sobre la hoja de una mañana.

***

Diciembre, diciembre, tienes que recordar

Que la juventud y la arruga van de la mano Una mira el reloj, la otra exhibe orgullo

Que en las cuentas de la muerte, la vida dice su oración.

Que en el epitafio de la tumba, alguien inscribe el miedo

Que junio escribió en Selep una canción de cuna para diciembre

Y el otoño contó los días insomnes del calendario.

***

Diciembre Diciembre Recuerda recuerda

Para acariciar el verde, regado por junio y ser reverente al celeste lo que había lloviznado de la luna

Para proteger y preservar la vida bajo tu blanco

y remitir a los más débiles pues eso es lo que nutre el propio poder.

Diciembre Por siempre recuerda

Que tú no serás culto, sino arcilla

Así, necesitas sumergirte en la noche, para emerger como el día

Para que los prejuicios no te estrechen y marchiten tus opciones

Así armonizar el mundo y Representar las voces

Mantén el caos bien a un lado

Estar en la cima del mundo, pero nunca esconderse

***

"Diciembre de Otoño" (Un preludio al Epílogo)

***

Las hojas secas raspan el seno de la tierra

Los pétalos saltan, atados a la ráfaga.

Las ramas desnudas y secas, donde colgaba el verde, ahora cabecean
y se dan codazos

El bosque tiembla y gorjea, el cántico - y regatea por diciembre

"Diciembre Diciembre Recuerda Junio Recuerda Octubre"

***

Epílogo:

Junio ve el arco iris Otoño espera la lluvia

Diciembre necesita comprender, "No labour no gain"

Junio canta al trueno, Octubre al dolor

Enero, en el vientre de diciembre, algún día alcanzará la fama.

"El eclipse de Medusa"

La Luna Llena:

***

La noche nocturna proyecta su sombra El olivo se yergue dirigiéndose a su Castidad, desglamourizando la

manantial salobre que ha brotado de la Acrópolis.

En lo alto de la Acrópolis, sobre Atenas, se alza el Partenón resplandeciente bajo Diana.

Las columnas blancas anuncian pureza y aseguran invulnerabilidad.

En el interior, sobre un pedestal, se alza Atenea, moldeada y decorada con el toque de Midas.

Un desfile de atletas - bardos, artesanos, sacerdotisas y doncellas se arrastran colina arriba

con sus ofrendas.

Ahora se inclinan y se sienten atraídos por la hermosa Gorgona Medusa.

Su vanidad provocando la envidia de la diosa, un fiel devoto robando

el espectáculo y robándole a Atenea

de su superioridad - ella es la bella Medusa de cabello sedoso.

***

La luna llena se oculta perezosamente tras la tierra y se sumerge en su sombra,

Las columnas ahora están manchadas de hollín,

El viento se detiene por un momento y

el búho bien posado ulula con demasiada frecuencia.

Alguien sabotea para reponer su venganza.

La tierra en un ensueño

bien cubierta de nubes oscuras Mientras el reflejo de Medusa cambia por el de

del joven Narciso Belleza y amor propio se mezclan en el espejo como el agua,

Hasta que las mareas altas lo trastornaron todo Hasta que el océano se elevó para besar el firmamento y se alimentó de tierra

para saciar su hambre de lujuria.

Los temblores sacudieron la orilla Mientras Egeo se inundaba y allanaba su

camino hacia el Partenón donde Medusa había estado rezando.

El Eclipse:

***

La inundación llena las fosas, La fiebre del terremoto me arranca la inocencia.

Los cascos del caballo galopan sobre mí desgarrándome de mi castidad.

El bramido del toro El empuje del tridente

mientras Neptuno huye con su botín.

Y mi fe olímpica se ahoga con el Titanic.

En algún lugar del cielo Hera se lamenta mientras cuelga de las estrellas recordando a la tierra cómo Zeus la había violado.

Mientras el invierno regresa narrando a la tierra cómo Perséfone

fue engañada, raptada y despojada por Hades en
el mundo plutoniano.

La menstruación se repite oponiéndose a la ley de la naturaleza.

Crucifixión de Deméter, Despoina y Soteria.

Mientras el lascivo agitador de la Tierra, el disfrazado Júpiter y el invisible Orcus siguen molestando a la Carta.

Y la Diosa nada más que una espectadora de pie salva a sus héroes Arqueanos.

Mi pubertad abortada Mi castidad subastada

Mi embarazo un patriarca Y mi maternidad castrada

--- Soy tu Medusa

***

Dentro del Eclipse:

***

Ahora estoy maldita porque me llaman venenosa.

Exiliada y segregada de la humanidad porque puedo entumecer y petrificar.

Soy la acusada porque el mundo piensa que mi belleza era demasiado para ser culpada,

Yo soy la culpable porque la libido es el juez.

Camino en la sombra mientras sostengo la mano del aislamiento ya que ellos

me han embadurnado la cara de ácido

Soy la Muerte con ojos desmesurados, lengua protuberante y piel arrugada,

Las víboras bailan sobre mí, ¿es mi pecado?

Tengo las miradas que pueden matar Mientras los pretendientes se congelan como si como si fueran de piedra.

Una vez nacido con gracia ahora abandonado para ser solitario
Esperando a Perseo en quien
la ambición ha crecido.

Más allá del Eclipse:

***

Es atardecer, es afótico,
El cielo se ha mezclado con el océano.

Las nubes yacen muertas en la orilla, la luz parpadea en la penumbra y Medusa, en su solitario confinamiento, está rodeada de prejuicios.
rodeada de prejuicios, juzgada, procesada y condenada.

No puede descansar en paz ni vivir una vida sin miedo. Sólo puede contemplar su reflejo y quedarse de piedra.

Finalmente, llega la noche de la lluvia dorada,
cuando su espíritu se elevaría como Pegaso.
Y su alma se convertiría en una constelación,
porque ella se elevaría por encima del océano y existiría
en el empíreo celeste Como recordatorio de la injusticia Como defensora del bien
Como una armadura para todo lo que es nefasto
Ella es la elegía de Perseo, Ella es épica,
......Ella es Medusa.

Et Tu Dios Entonces Deja Que Iblis Caiga

Como un cometa, Cicatrizando el semblante del cielo, Partiendo la luna en dos,

Deslumbrando hacia abajo... antes un ángel, ahora el diablo

Desafiando a Dios Depreciando la rectitud si la hay

en la humanidad

Soy un ángel para Diabolus el rebelde para Dios Descendiendo a un purgatorio,

Conocido como tierra...

***

Nunca me he inclinado ante Adán, pero le dejé tener lo prohibido,

Nunca te había sobornado con algo de parsimonia, abajo en mi corazón escondido.

Recuerda que sólo me incliné ante ti,

Ningún segundo Dios. Ningún perseguidor. Ni siquiera a mi reflejo jamás.

Y Tú ajeno a que el hombre es como un caballo, con Dios

o el diablo como jinete...

¿Habías existido sin mí?

¿Por qué no comprendes que

el dualismo es tendencioso y la existencia sólo es posible en la unidad.

¿Acaso Judas y Jesús no han habitado en la misma mansión?

Porque unos son instrumento de la misericordia de Dios y otros de su ira.

***

Yo nací del fuego y él nació del barro,

Y eventualmente purifico la arcilla, De acuerdo con algunos rumores.

Aún así la piedad de Pity no llueve y se mezcla con mi...

Pues no soy encarnación, ni virtud,

No soy propagandista y no finjo mi llanto.

Dirías que las denuncias son muchas: Yo había estado con Gog y Magog,

para hacer la guerra a los justos.

He arrastrado a tu Hijo al desierto y he intentado esclavizarlo en una trampa

Yo soy la razón de todos los males,

Soy la única coartada, para que tu Creación Suprema se defienda en cada mentira.

Mi Señor, el Hombre nunca ha sido tu Suprema Creación porque el hombre se entrega al Pecado,

Se entregan al odio y se entregan a la guerra, son los destructores de su propia parentela

¡Oh! Mi Señor he visto el monzón rodar por tu barbilla,

He visto el duro invierno mezclarse lentamente con la primavera.

No te arrepientas, mi Señor, de haber sido arrojado al lago de fuego,

No te arrepientas, mi Señor, de haber sido encarcelado una época infinita.

Pero mi Señor tienes razones

para arrepentirte, porque en la creación de la humanidad, yace tu pecado,

Mi Señor, yace tu pecado.

***

El Epigrama

Soy Iblis en el Islam para ser apedreado a menudo y ahora,

Soy el demonio en la Biblia para ser esquivado y ahogado por ti,

Y asombrosamente soy la razón detrás de la yihad que ambos aráis.

En algún lugar alguien juega a simpatizar con el diablo,

Sonata para violín en sol menor, tararea "el trino del diablo"...

En lo profundo del abismo alguien Tommy, cambia su alma por el Blues

En algún lugar del Paraíso Perdido, En algún lugar de un infierno,

Yo soy Dante, Milton y tú.

La Rapsodia

En la tragedia de Dios y la Comedia del hombre Mefistófeles se tira un pedo,

En algún lugar lejano en una guerra, Adán lanza dardos.

Montar en la ilusión

Una lágrima de un árbol después del chaparrón, Se posa en una brizna de hierba, Como una gota de rocío
Lejos de la masa.

Otra mota de polvo tras la ráfaga, Se desliza hacia abajo, una brizna de hierba,
Como una gota fundida de una nieve glacial Deslizándose por un pasado tembloroso

Engreimiento en cuarentena en una trinchera civil, asquerosa contaminación en dolor de parto... Ciudades y pueblos siguen cayendo la humanidad lucha por negociar con la llamada del Destino...

Presente solloza, futuro gime Entre humos todos una astilla.
Alegre en la musa,
Alegre en cabalgar la ilusión...
Sobre un lienzo premonitorio
se garabatea lo que no es un engaño

Como los vientos rotos Y las nubes vagabundas

Como las lágrimas separadas Y la multitud inconexa

Se parte el agua impura Y también el polvo de su plétora

Como las hojas marrones Y el éter del cielo

Como las esperanzas sin esperanza Y la mosca sin hogar

La naturaleza se escinde de la locura Y no hay día sin compromiso

La civilización tiene fiebre, tos y resfriado Hormigas cargadas hacen cola, una tradición demasiado vieja

Claustrofobia, una manta para todos La naturaleza un nuevo amo, los humanos son muñecos

Los bebés nacen en la cama de Microbe La codicia se alimenta de la ambición, las piras esperan

A lo lejos, en la espalda de Latitud, Longitud duerme, lejos del potro.

La muerte en una danza Una elevada cabriola La vida en trance Catástrofe catástrofe, dondequiera que los dioses miren...

Junio cabalgando Ilusiones, olas y lluvia El cumpleaños espera bajo una enramada

Mirando a lo lejos un montículo solitario Bajo el cual algún día sin ningún sonido

El hombre de blanco

Rompe la oscuridad y una mancha de luz Vestida de nubes embadurnadas de niebla, Allá la orilla - tú un hombre de blanco.

Hormigas blancas se esparcen por tu pecho salobre Espuma blanca salpica tu rostro,
allá el blanco, Welkin un dosel,
Un hombre que se arrastra pero nunca renuncia a una carrera....

Coro
Mira abajo Apolo y contempla el apuro, Tu luz, tú y él. todo un
Hombre de blanco.

***

El cielo se rompe y a lo lejos una vista, Vestida de otoño, embadurnada de frío, Allá el horizonte - tú un hombre de blanco.

Es invierno en tus ramas, escarcha en tus pies...
nieve en tu cabeza, carámbanos por tus mejillas, pero aún tu furia para salir del pozo...

Coro
Mira hacia abajo Apolo y contempla el apuro

Tu luz, tú y él. todo un
hombre de blanco

Epílogo y Oráculo
***

Colores del mundo abjura de tu orgullo

Nunca pases al olvido que has surgido del blanco, Además recuerda, lo que el espejo

Refleja hoy mañana es un

hombre de blanco.

El homónimo

La erosión de todo un Día: mañana, mediodía, atardecer y una oscura y profunda caída nocturna,

La intempestiva invocación de la maternal Bodhi y su ininterrumpido diurno.

A veces todo antiguo y sin edad y a veces en medio de la adolescencia, todo novedoso e ingenuo,
un pulso embadurnado de bermellón, un pulso manchado de sándalo,
un pulso con vacilación cruzando el umbral en sinfonía con caracolas...

Y yo un epílogo a todo lo que empezó con su preludio,
Yo una realidad adulta envuelta en su silueta.

Nosotros dos entrelazados en la raíz,
Nosotros dos entrelazados bajo las hojas, Canopy nosotros como en forma de capucha ...

Nuestra existencia en el susurro de las hojas Cuando triunfa el invierno y cede el otoño,
Nuestra fructificación en la encarnación del ser,

Cuando la primavera es renacimiento y el verano es dolor
***

Y de repente una niebla,

una cortina impenetrable de espesor Y luego el escondite,
Un nuevo descubrimiento, atracción y repulsión Un ensayo y error para emerger
de una vieja sombra...

Y luego el encuentro con la verdad, Comprendiendo que todo es migratorio, Excepto la naturaleza perenne,
la maternidad y la verdad eterna....

Oh madre, me distraje, me extravié y quedé atrapado en el inventario y cacofonía,
Mi realidad se alteró y me hundí en un feo laberinto intermedio...

Me di cuenta de que mis días de antaño, aún
en la cuna de la inocencia y mi presente sin timón.

Mi locura se ha desmantelado en su seno y en el núcleo de mi alma,
soy testigo del nacimiento de la salvación,
Mi espíritu elevado, vuela lejos de todas las ilusiones.
Todas las alucinaciones se evaporan de mi mente, mientras me aferro a una libertad nunca conocida en un vacío atemporal...
Introspecciono que mi mente se redistribuye...

Me doy cuenta de que soy la divinidad, tan insondable como la maternidad,
Yo, una certeza entre todas mal interpretadas
Yo soy el conocimiento, Yo soy un pensamiento, Yo la libertad,
yo día, yo noche y yo el infinito jamás conquistado...

*** Edades después:

Truenos lejanos, el latido de las nubes,

el oscuro noroeste aterroriza, todo en los vientres y luego se desgarra y

desarraiga la maternidad y la verdad

- Tú Bodhi

Crónica viviente de la resistencia

en la menstruación, el dolor del parto y la menopausia

Ahora llueve sobre las cenizas, Tú madre resucita y nace y entonces,

Veo un camino intermedio En profunda contemplación, Con Animesh lochan

La necesidad de apaciguar el regreso a casa es inútil, Espero el crepúsculo y la

Absolución final...

NANDINI KEDIA

El frío resplandor y el fuego mueren

La sombra se traga la luz y el frío el calor,

El océano se come la tierra y los terratenientes se comen la carne y esto sigue rodando.

***

En el corazón del profundo y oscuro bosque, En el zócalo de un suelo helecho, Envuelto en niebla,

Una solitaria caverna desdentada aguarda en la madurez...

Azotada a veces por un torrente, Que se alimenta de cargas de tierra... Una ráfaga extraña sopla las hierbas

y luego un temblor repentino, un temblor,

Las piedras se desmoronan y se precipitan por el techo de la cavidad... y una se rompe abriendo un fósil

***

Un monzón congelado en el tiempo, madera empapada de lluvia... un tufillo que se eleva

Una tarde lenta y turbia, sorbiendo el día Tiempo ideal para que los brillos centelleen el camino

Azul Verde Amarillo y Rojo un contrato de arrendamiento con un arco iris.

El lenguaje de la luz, el modo del amor, Una danza a la vida... una sinfonía bien tejida...

Entre los destellos...una luciérnaga alimentada con miel, Encantada por un solo pulso lento,

Un conjunto de seductoras flechas de Cupido.

- Un Photuris disfrazado,

El imitador engaña y conspira y el ingenuo cargado de amor

responde a la convocatoria....

Pero el don del maestro químico le salva el día.

***

Una escapada por los pelos, reflexiona la luciérnaga, para no repetirla jamás, resuelve el tímido.

Y entonces una ráfaga extraña, de repente, sopla los pastos Levanta la mosca

Y la clava en el hueco desdentado... La luciérnaga despierta del trance,

Dejada deslumbrada, jadeante por otra vía láctea, por otra danza centelleante.

Entre las muchas que titilaban, había una que llevaba un manto azul.

Pulsante y palpitante - una luciérnaga...

Pronto el rayo del amor golpeó a la luciérnaga, para impresionarla; la Osa Mayor

intenta una maniobra de anzuelo, Se desliza por el vacío Un buceo acrobático,

Rotación, roce y deslizamiento.

Lucibufagins una caja de bombones,

Un regalo único y la luciérnaga se vuelve Escarlata...

Ornamentada con saliva construye una escalera de baba,

la luciérnaga responde y se envuelve en un carrete.

El telón se cierra la danza ha terminado,

La luciérnaga en oscilación y la luciérnaga en baba.

***

Fosilizado en el tiempo un obituario escrito Mordisqueado y devorado, fin de azotado...

"La ráfaga se ha podrido y el cosmos un reflejo dormita respiro y miríada un engaño.

Media luna espera diseccionada...pues habria mas resecciones.

El silencio apuñala el sonido y todo un mudo Cada romance puede no ser siempre lindo

El resplandor aumenta y el fuego se suprime en el hollín

La mosca en un liplock con un gusano para la vida es un bizarro toot".

www.ingramcontent.com/pod-product-compliance
Lightning Source LLC
LaVergne TN
LVHW041554070526
838199LV00046B/1969